名人传

莎士比亚

吟诗的剧神

张纯瑛 著　　李蓉 绘

人民文学出版社
PEOPLE'S LITERATURE PUBLISHING HOUSE

著作权合同登记号　图字 01 - 2018 - 8991

图书在版编目(CIP)数据

莎士比亚：吟诗的剧神/张纯瑛著；李蓉绘. —北京：人民文学出版社，2019
(名人传)
ISBN 978-7-02-015120-2

Ⅰ. ①莎…　Ⅱ. ①张…②李…　Ⅲ. ①莎士比亚(Shakespeare, William 1564-1616)-传记　Ⅳ. ①K835.615.6

中国版本图书馆 CIP 数据核字(2019)第 050302 号

责任编辑　**甘　慧　王雪纯**
装帧设计　**汪佳诗**

出版发行　**人民文学出版社**
社　　址　**北京市朝内大街 166 号**
邮政编码　**100705**
网　　址　**http://www.rw-cn.com**

印　　制　**莱芜市圣龙印务有限责任公司**
经　　销　**全国新华书店等**

字　　数　**62 千字**
开　　本　**890 毫米×1240 毫米　1/32**
印　　张　**4.25**
版　　次　**2019 年 7 月北京第 1 版**
印　　次　**2019 年 7 月第 1 次印刷**

书　　号　**978-7-02-015120-2**
定　　价　**28.00 元**

序

不论世界如何演变，科技如何发达，但凡养成了阅读习惯，这将是一生中享用不尽的财富。

三民书局的刘振强董事长，想必也是一位深信读书是人生最大财富的人，在读书人数往下滑落的多元化时代，他仍然坚信读书的重要性。刘董事长也时常感念，在他困苦贫穷的青少年时期，是书使他坚强向上，在社会普遍困苦、生活简陋的年代，也是书成了他最好的良伴。他希望在他的有生之年，分享这份资产，让其他读者可以充分使用。

“名人传”系列规划出版有关文学、艺术、人文、政治与科学等各行各业有贡献的人物故事，邀请各领域专业的学者、作家同心协力编写，费时多年，分梯次出版。在越来越多元化的世界中，每个人都有各自的才华与潜力，每个朝代也都有其可歌可泣的故事，但是在故事背后所具有的一个共同点，就是每个传记主人公在困苦中不屈不挠的经历，这些经历经由各位作者用心博览有关资料，再三推敲求证，再以文学之笔，写出了有趣而感人的故事。

西谚有云：世界因有各式各样不同的人群，才更加多彩多姿。这套书就是以“人”的故事为主旨，不刻意美化主人公，以他们的生活经历为主轴，深入描写他们成长的环境、家庭教育与童年生活，深入探索是什么因素造成了他们与众不同，是什么力量驱动了他们锲而不舍地前行。以日常生活中的小故事来描绘出这些人物为什么能使梦想成真，尤其在阅读这些作品时，能于心领神会中得到灵感。

和一般从外文翻译出来的伟人传记所不同的是，此套书的特色是由熟悉文学的作者用心收集资料，将知识融入有趣的故事，并以文学之笔，深入浅出写出适合大多数人阅读的人物传记。在探讨每位人物的内在心理因素之余，也希望读者从阅读中激励出个人内在的潜力和梦想。我相信每个人都会发呆做梦，当你发呆和做梦的同时，书是你最私密的好友。在阅读中，没有批判和讥讽，却可随书中的主人公海阔天空一起遨游，或狂想或计划，而成为心灵知交。不仅留下从阅读中得到的神交良伴（一个回忆），如果能家人共读，读后一起讨论，绵绵相传，留下共同回忆，何尝不是一派幸福的场景？

谨以此套“名人传”丛书送给所有爱读书的人。你们都是世界上最幸福的人，因为一直有书为伴，与爱同行。

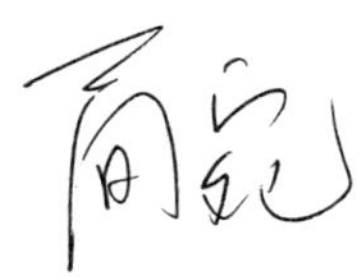

目 录

名人传

莎士比亚

1564—1616

1. 离开家乡去寻梦

天色刚刚透亮，一弯残月俯视着缓缓流动的埃文河。清晨的薄雾像乳色的毯子，轻柔地覆盖着岸边的斯特拉特福小镇。多数人还在沉睡，莎士比亚一家已经起身，里里外外地忙碌着，为即将要去伦敦的大儿子做最后的准备。

大家的心里都充满了复杂的滋味。一百多公里外的伦敦，在以马车代步的年头，是那么遥远，在小镇长大的威廉·莎士比亚能够应付大城市的光怪陆离吗？

父亲约翰这几年不太顺利，财务上出了些问题，卖掉了一些产业。他替弟弟的债务做担保，结果被告进法院。多年来在政坛上相当活跃的约翰，也许是因为债务烦心，已经很久没有出席议会，而被停止议员职务。他多希望大儿子莎士比亚留在镇上，帮他照顾手套店的生意。

母亲玛丽望着二十三岁、英俊挺拔的儿子，不由得感慨万千。在莎士比亚出生前，她的两个女儿还在襁褓时便夭折。除了莎士比亚，她后来又生了二女三男，其中有个女儿八岁就得病死了。她知道养大一个孩子很不容易，真不放心让最疼爱的长子，一个人跑去遥远的伦敦求发展。

妻子安妮更是不开心。他们结婚才五年，大女儿苏珊娜四岁，小女儿朱迪思和儿子哈姆内特是一对双胞胎，都不过两岁大，莎士比亚去伦敦后，孩子见到父亲就不容易了。可是，丈夫的心意已经决定，没有人能够劝阻他。

于是，他们一家老少，只有依依不舍地替莎士比亚把行李搬上马车，与他拥别，千叮嘱万叮嘱："常写信！""路上小心！""想回家就回家吧！"

他不断地点头，强忍住眼泪。但是，话别必须结束，马车必须上路，莎士比亚回头看着为他送行的家人一字排开：父亲、母亲、妻子、二十一岁的大弟吉尔伯特、十八岁的妹妹琼、十三岁的二弟理查和八岁的幼弟爱德蒙，他挥着手，眼泪忍不住簌簌地流了下来。

这些都是他挚爱的家人。然而，他最挂念的三个孩子，还留在屋里睡觉。他告诉妻子不要吵醒他们："看！

TO BE OR NOT TO BE, THAT IS THE QUESTION
WHETHER 'TIS NOBLER IN THE MIND TO SUFFER
THE SLINGS AND ARROWS OF OUTRAGEOUS FOR
OR TO TAKE ARMS AGAINST A SEA OF TROUBLE
AND BY OPPOSING END THEM? ALL THE

他们的小脸多么安详，正在做美梦呢！”他真舍不得把目光移开。

“孩子们，请原谅你们的爸爸不能再留在你们身边，他就要前往伦敦，去追寻一个从小就有的美梦。”马车上的莎士比亚，在心底喃喃低语。

记不清楚是哪一年，父亲第一次带他去看巡回剧团的话剧，他就深深地爱上了戏剧中迷人的世界。他想不出还有什么职业比演戏更变化万千。一个再平凡不过的人，一穿上五颜六色的戏服，化上稀奇古怪的妆，戴起或长或短的假发，站到舞台中央，不用开口，就变成完全不同的人。他可以化身为上帝、天使，也可以做恶魔、坏蛋；他可以是国王或英雄，也可以做仆人或小丑；他忽男忽女，时老时少……啊！平常人只能活一生，一辈子只能有一种身份，演员却可以体会各种各样的身份。

他更崇拜那些编剧本的人，只有他们，才能让国王变成流浪汉，让爱情发生在两个不可能相爱的人之间。镇上每年有两三个巡回剧团来演出，他每次看完戏，总会沉浸在剧情中好几个月。他甚至会想象如何改变剧情，添加人物，让情节变得更精彩。

今年来了五个剧团，为生活平淡如水的小镇掀起一波又一波的看戏热潮，莎士比亚的心情亢奋到了极点。他对戏剧的热情已经超越了戏迷的痴恋，而沸腾到对演戏、编剧的疯狂。一个剧团都没有的斯特拉特福镇，再也不能满足他，莎士比亚感受到有股力量吸引着他前去伦敦，那股力量是那么强大，无法抵抗，尽管伦敦是一个完全陌生的大城市，尽管他的家人都住在小镇。

马车不急不缓地往前奔跑，很快便将家人抛出视线之外。他转过头，放下挥动的手，拂去脸上的泪珠，轻轻地念着："伦敦，我来寻梦了！"

2. 回顾家园

马车载着莎士比亚穿过大街小巷，好像在对他从小生长的小镇告别，象征着人生即将展开新的一页。

1564 年 4 月 23 日，莎士比亚出生在埃文河畔的斯特拉特福小镇。三天后，父母抱他到教会受洗，教会因此留存了他的受洗记录。小镇虽然依傍着温柔澄澈的埃文河，但是景致并不比其他乡镇特殊。两千多口人有的种田，有的做手工，也有些经商，就像莎士比亚的祖父和父亲。

祖父理查在附近村落耕种。他生了两个儿子，小儿子亨利始终种田为生，大儿子约翰搬来斯特拉特福，做了手套师傅。他的生意很好，赚的钱买了两栋房子。

约翰娶了青梅竹马的玩伴玛丽·阿登。玛丽的父亲是附近乡下很有名望的绅士，把田租给约翰的父亲耕种。阿登家族有很多房子和土地，玛丽只是八个女儿中最小的一个，还是得到丰富的嫁妆。

富裕的约翰和玛丽，住在亨利街上的一栋大房子里，就只差一群孩子。六年内，连续失去两个女婴，当他们得到一个男婴时，可以想象有多么快乐！这个男婴被取名为威廉，就是后来的大剧作家莎士比亚。

有了妻儿、房子，手套店的生意兴隆，约翰对政治也很热衷。早在莎士比亚出生前七年，约翰就当选为初等镇议员，后来又出任镇上的财务总管。莎士比亚一岁时，约翰升级为高等镇议员，三年后当选镇长。

莎士比亚七岁时，开始在镇上唯一的学校上学，一直到十五六岁毕业。当时英国的学校教育除了英文，还教拉丁文、《圣经》与希腊罗马的古典文学，包括戏剧，这些科目都为莎士比亚打下扎实的写作基础。但他并不是神童型的学生，学校因此没有留下关于莎士比亚的任何记录。

倒是有记录显示，莎士比亚读书期间，学校里有两位老师是毕业于牛津大学的硕士，他们的学问为小镇男孩打开了面对文学、历史的大窗。

毕业后，莎士比亚帮父亲照看手套生意。十八岁那年，他娶了比他大八岁的安妮·海瑟薇。婚后三年内，他们有了三个孩子，看样子，莎士比亚将会像他的父亲一样，生一群儿女，在小镇斯特拉特福做一辈子生意人。

“不，这不是我要的人生！”他在心底大喊。马车驰过小镇前往伦敦必须经过的唯一桥梁——克利夫顿桥。马蹄声多么清脆，仿佛在大地上敲打出一串悦耳的音符。桥下埃文河的水，毫不犹豫地奔向前方。

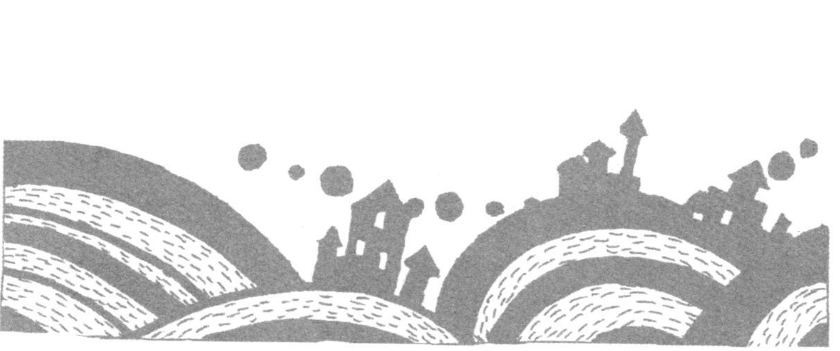

3. 加入剧团

到了伦敦，安顿下来之后，莎士比亚到剧团做演员。团主亚历山大·霍顿有一对老鹰般的锐利眼神，他上下打量着莎士比亚，然后冷冷地说："每个剧团里有三种演员：最上层的演员大概有八个左右，他们拿钱投资剧团，剧团赚的钱由他们照投资比例分享。第二种演员是两三个男孩学徒，扮演女性。你知道的，社会风气不允许女人抛头露面上台演戏，只有找还没变声的男孩，利用他们尖细的嗓音，饰演女人。第三种是担任配角或跑龙套的演员。"①

他继续说："你已经是个大人了，不能演女孩，就只有当第三种演员，钱不多，角色不重要，你愿意吗？"

---

① 霍顿去世时，在遗嘱中交代，把戏服和乐器留给弟弟托马斯，条件是他必须好好照顾跟随霍顿的两个演员，一个就是莎士比亚。这是记载莎士比亚在伦敦演戏的第一份文件。那年，他二十八岁。

莎士比亚拼命点头，就怕团主不肯收他。

“那好，待会儿我们排戏，你就加入吧。”

进了剧团，莎士比亚才了解到演戏多么辛苦。在台上正式演出固然不轻松，必须化妆，戴假发，穿上戏服；不演出的时候，他们也要常常排练新戏。每两个星期，就得推出一台新戏，一年到头几乎都在背台词。

春天，他们在剧院表演。凉爽干燥的英国夏天最适合户外活动，剧团离开伦敦，到各地乡镇巡回演出。树叶变红，北雁南飞的秋日，他们也回到伦敦剧院。12 月左右，剧团转移到客栈，在那里排练新戏，准备圣诞节与新年期间在女王面前表演。此外，一年到头，经常有贵族邀请他们去家里演出。

莎士比亚在剧团的地位最低，还必须做搬道具等杂活。这种忙碌奔波的生活和家乡手套店慢吞吞的节奏有着天壤之别。然而，莎士比亚十分开心。他终于实现了心愿，在舞台上体验不同的角色。更让他惊喜的是，他结交了社会各阶层的朋友，见识了贩夫走卒和贵族王室不同的生活环境。

他没有想到王室的宫殿和贵族的城堡是那么富丽堂皇，摆饰器物是那么精巧细致。第一次在伊丽莎白女王御前表演时，他紧张得几乎昏倒。还好，女王一看起戏，也像老百姓一样专心，让他越演越自然。女王给他们的赏赐总是很丰厚。

每次出入宫廷与城堡，莎士比亚的心就饱胀得很满，一波波灵感在胸中翻腾。

4. 惹人妒忌的剧作家

伦敦的剧团很多，竞争很激烈。为了吸引观众，剧团常常得推出新戏，可惜能够编剧的人太少了，编出好看剧本的更少，有时候剧团只好修改旧戏。

莎士比亚进剧团后，在一个偶然情况下，修改了一出戏的剧情，效果不错，团主刮目相看，常常叫他修改老剧本，后来甚至让他编起新戏。莎士比亚编的剧本很受观众欢迎，为剧团赚了不少钱。团主开始意识到，这个乡下来的青年，可能是上天赐给他们的礼物，他替莎士比亚加薪，邀请他投资剧团，这大大提高了莎士比亚在剧团的地位。

有一天，一位朋友来找莎士比亚，让他看一篇文章："大学才子派的格林被你气疯了！你看这段话，他骂你骂得很凶。"

“大学才子派”，指的是当时活跃在伦敦文艺界的几位作家，他们出身顶尖大学，包括牛津毕业的约翰·李利与乔治·皮尔，剑桥毕业的罗伯特·格林和克里斯托弗·马洛等。他们才华横溢，写的剧本获得很高的评价，加上学历亮眼，到处受人尊敬，于是造成他们眼高于顶，根本不把只在斯特拉特福读过基础学校的莎士比亚放在眼里。

“格林怎么啦？”莎士比亚一面把沾满化妆油彩的手往脸上抹，一面说，“你念给我听吧。”

“可怜的家伙，病得快死了，躺在一个穷鞋匠家里，写了一篇自传叫作《一个悔恨不已、只值一文钱的才子的自白》给大学才子派的那批剧作家，你听着！他说：‘我求你们以我的命运为例子，别再浪费才智编写剧本，只白白便宜了那些戏子——木偶、小丑和猿猴。’让我跳过几行，他这么骂你：‘某个年轻演员，既不是大学毕业生，也不是有教养的绅士，只是一个自大狂，名叫沙士辛，居然厚脸皮当起剧作家，写出观众偏爱的剧本。’”

“沙士辛？”戏班子的哥儿们听到这里，不禁又好气又好笑，都说，“也许他讲的是别人啊！”

莎士比亚拿过文章自己看，然后脸色沉重地说："不，他是在说我。他提到'用戏子的皮包藏起他的虎狼之心'，改编自我的剧本《亨利六世》中的一句台词'哦，女人的外皮内包藏着虎狼之心！'"

"格林当然妒忌你啊！"团主听到他们的谈话，走过来说："另一个剧团3月在玫瑰剧院上演你的《亨利六世》第一部，定的票价是那一季最高的，仍然满座。而他们演了三出格林的戏，都赔了钱，难怪格林气得发疯。"

"但他不能说我自大啊！我不是那样的人。"莎士比亚觉得很冤枉，"我要向登出那篇文章的编辑抗议。"

编辑约见了他，很快在另一篇文章中登出更正启事，正式向莎士比亚道歉。

格林对莎士比亚的批评和编辑的更正启事，是关于莎士比亚在伦敦戏剧圈发展情况的早期记录。那时他已在伦敦五年了。由此可见二十八岁的莎士比亚，在伦敦获得了观众喜爱他，编剧同行妒忌他，评论家尊敬他的待遇。

《亨利六世》是莎士比亚早期写的一出宫廷剧，分为三部，叙述在软弱的亨利六世统治下，内战与外患不断的历史。内战是两派贵族的支持者为了争夺英格兰王位而引发的。一派是以白玫瑰做代表的约克家族，另一派是以红玫瑰为代表的兰开斯特家族。外患是与法国的战争。富有野心的约克公爵煽动农民起义，自己却被杀死。公爵的儿子爱德华继续抗争，夺去亨利六世和王子的生命，逼得玛格丽特王后逃亡国外。爱德华坐上英国王位，就是爱德华四世。但是，他坐得并不安稳，因为弟弟理查正阴谋推翻他。

这出根据拉斐尔·霍林谢德的历史记载编写的宫廷剧，把真正的历史事件做了大幅度的浓缩，也做了一些改动，使得剧情更加紧凑，充满了诡计、悬疑、谋杀、复仇、战争场景，看得观众透不过气来。莎士比亚后来写的许多宫廷戏，如《理查二世》《理查三世》等，剧中人为争夺王位不择手段，让观众不寒而栗。

格林犯了一个最大的错误，就是迷信高学历。剑桥、牛津可以让学生多受几年教育，但是社会上形形色色的人与故事，给予感触敏锐、观察细腻的莎士比亚无穷的编剧灵感，远远胜过单纯的大学。

与大学才子派不同的是，莎士比亚本身是个演员。他一年到头都站在舞台上，最直接感受到观众的笑声和眼泪，最明白什么能让观众哈哈大笑，什么能让观众流泪不止，他写出的剧本当然更受欢迎。

虽然大学才子派看不起他，莎士比亚却很崇拜他们中最具诗人气质的克里斯托弗·马洛。他早年剧本里，充满了马洛式的台词：感性十足，甚至有些夸张，诗歌味道浓厚。台词的诗意性，正是莎士比亚剧本不仅讨好当时观众，也能流传后世的一个重要原因。

5. 瘟疫带来的祸与福

对于剧团来说，同行的妒忌中伤并不是他们最大的敌人，真正影响他们演出的因素，是瘟疫流行。

在莎士比亚的那个时代，医药没有今天发达，每次暴发瘟疫，更是难以控制。莎士比亚出生前一年，瘟疫曾经闹得很厉害，夺去他五个月大姐姐的生命。

1592 年，他来伦敦的第五年，瘟疫再度爆发，来势汹汹，情况最恶劣时，伦敦一星期有一千人丧命。所有剧院都被政府关闭，就算是开放，也没有人敢去看戏。剧团只好离开伦敦，到各地看看有没有演出机会。

当剧团来到斯特拉特福表演过后，莎士比亚告诉家人："我决定留在家乡休息一阵子。"

"太棒了！太棒了！"九岁的大女儿苏珊娜和七岁的双胞胎朱迪思、哈姆内特高兴地又跳又叫，儿子哈姆内特还跳到他身上，环抱着他的脖子猛亲，让莎士比亚感动而惭愧。

妻子安妮在旁边微笑望着。丈夫刚回来时，她觉得他无论外表和谈话，都有一股说不出的陌生感。现在看到他和孩子们亲密地抱在一起，才感觉他是这个家的一分子。

母亲玛丽虽然很高兴儿子能留在家乡，但是也有点担心："剧团肯让你退出巡回演出吗？不演出就没有收入，钱还够用吗？"丈夫这些年财务情况一直不好，使得她在经济上比较没有安全感。

"没问题。"莎士比亚揽住母亲的肩膀，在她脸颊上亲了亲，"我不参加巡回演出，空下的时间可以写剧本，仍有收入。别忘了我现在还是剧团的股东之一。而且过去五年我存了不少钱。"

"哥哥是衣锦荣归呀！"他的四个弟弟妹妹一齐大叫，他们都还没有结婚，一大家子住在一块儿，很以哥哥为荣。

"爸爸，您别忧愁。"孝顺的莎士比亚注意到父亲微笑的脸上双眉纠结，他想起大弟告诉他别人指责父亲"为了

o be or not to be, -- that is the question:
Whether 'tis nobler in the mind to suffer
The slings and arrows of outrageous for
Or to take arms against a sea of troubles, An
by opposing end them? What's in a name

躲债每月不敢去教堂”。他拍拍胸脯说：“我会帮您还债。”

父亲欣慰地点点头，笑着说：“还好当初没有阻止你去伦敦演戏。”

全家都笑了起来，莎士比亚笑得最大声：“啊！回家真好！”

每天不用赶东赶西地演戏，所有的时间都拿来写作剧本，又是住在亲情环绕的家里，莎士比亚心情放松，笔尖流露的风格也就不同。

离开伦敦前，他刚完成另一部历史剧《理查三世》，描写理查三世在取得王位的过程中，如何说谎、欺骗、作假，杀害对手与朋友。虽然最后这样一个诡计多端的人被善良的亨利七世取代，大快人心，可是，这出戏还是很阴暗。

现在远离伦敦政治中心，斯特拉特福的悠闲气氛，让他想写轻松的喜剧和抒情诗。他创作了三部喜剧：《错误的喜剧》《驯悍记》《维洛那二绅士》。

《错误的喜剧》是莎士比亚根据拉丁剧作家普劳图斯作品改编的一出戏。原戏里，一个人老是被误认成另外一个人，他于是想去寻找他的双胞胎兄弟。莎士比亚把故事扩充为两对双胞胎，并且加入死亡的威胁，让剧情好笑中透着紧张。

叙拉古商人伊勤去以弗所找寻他失散多年的双胞胎儿子。以弗所有一条法令，必须处死任何进城的叙拉古人。伊勤被逮捕后，官府只给他一天时间找人付赎金，否则就得上断头台。一个年轻人安提福勒斯和仆人德洛米奥也从叙拉古来到以弗所，他们到处被错认为另一对主仆。经过一连串误会，他们终于都找到出生就失散的兄弟，他们也发现伊勤是安提福勒斯兄弟的父亲，以赎金拯救了他。

这出戏充分利用双胞胎的惊人相像，造成混淆“笑果”，可以说是莎士比亚的多年心得，他正好有一对双胞胎子女啊！

《驯悍记》是一对未婚姐妹的故事。姐姐凯瑟琳娜泼辣刁蛮，男人都离她远远的；妹妹贝恩卡温柔甜美，有很多追求者。可是，她们的父亲公开宣布，姐姐必须先结婚，妹妹才可以有男朋友。于是，想追妹妹的人就怂恿外地来的彼特鲁乔去追求凯瑟琳娜，说她的嫁妆会很丰富。凯瑟琳娜的父亲担心坏脾气的大女儿嫁不出去，就让彼特鲁乔娶走凯瑟琳娜。经过一连串波折，彼特鲁乔把凯瑟琳娜收拾得服服帖帖，她公开对村子里的女友说：

> 你的丈夫就是你的主人、你的生命、你的所有者、你的头脑、你的君王；他照顾着你，抚养着你，在海洋里陆地上辛苦操作……他希望你献给他的，只是你的爱情，你的温柔的辞色，你的真心的服从……一个女人对待她的丈夫，应当像臣子对待君王一样忠心恭顺……
>
> （朱生豪　译）

现代人看《驯悍记》，会很受不了戏里表现出的“大男人主义”，但别忘记当时的英国人，认为女人服从丈夫是非常自然的事。

《维洛那二绅士》说的是意大利城市维洛那有一对好友，普洛丢斯和凡伦丁。凡伦丁前往米兰发展，普洛丢斯决定舍弃爱他的朱利娅，跟好友一起去。在米兰，两人都爱上了一个女孩西尔维娅。西尔维娅被歹徒绑架，普洛丢斯把她救出，却强迫她爱自己。幸好凡伦丁躲在附近，跳出来拯救西尔维娅。这时，一个书童拉下帽子，露出长发，原来是普洛丢斯故乡的女友朱利娅。故事以两对情人团圆结束。

在这出喜剧里，观众看到友情和爱情无论多么密切坚定，都会受到许多诱惑，考验人的意志。打扮成另外一个人，也是莎士比亚戏里经常出现的手法。

渐渐地，莎士比亚摆脱了偶像马洛的影响，文风从霸气刚烈转变为柔软轻舞。不变的是台词仍然诗意盎然，即使写喜剧，笔端仍然充满飘逸的诗味。

6. 诗人莎士比亚

这段悠闲放松的时期，让莎士比亚诗兴大发，他写了两篇长诗：《维纳斯和阿多尼斯》《鲁克丽丝受辱记》。

《维纳斯和阿多尼斯》叙述希腊神话中一个凄美的故事。美丽的爱神维纳斯爱上英俊的凡人少年阿多尼斯，但他对维纳斯并不动情。为了逃避维纳斯，他跑到荒野打猎，被野猪撞死，让维纳斯伤心万分。

古罗马有名的诗人奥维德，曾经写过维纳斯和阿多尼斯的故事。莎士比亚改写为一千一百九十四行的长诗，以六行为一组，共有一百九十九组。让我们看一个例子，这组六行诗说的是伤心的维纳斯眼看着阿多尼斯的尸体化为花朵：

躺在她身边被杀的少年郎

如烟气从眼前消隐，

鲜血洒在地上

冒出一朵紫花，夹杂白色条纹，

仿佛他的苍白面颊，而血珠

滴滴在白色上显露。

这篇长诗得到南安普敦伯爵亨利·里奥谢思利的赞助，得以出版。没有想到大受欢迎，几年内印了九版。第二年又出版了诗篇《鲁克丽丝受辱记》。

《维纳斯和阿多尼斯》讲的是女人追求男人的故事，结局悲伤而浪漫；《鲁克丽丝受辱记》刚好相反，一个男人用强迫手段伤害他爱的女孩鲁克丽丝，女孩感到羞耻而自杀。莎士比亚也是根据奥维德作品改编，以七句一组的形式写成，让我们来看一组例子，是鲁克丽丝的叹息：

现在，没有人和我一起脸红，

和我一起交叉双臂垂头，

戴上面具遮盖眉目，掩藏不光荣，

只有我自己，必须孤坐消瘦，

以银色的泪雨弄咸地球，

我说的话带着眼泪，我的悲伤夹着呻吟，

持久悲伤虚耗的可怜时辰。

《维纳斯和阿多尼斯》及《鲁克丽丝受辱记》展现了年轻的莎士比亚的诗歌才华。

7. 瘟疫后的伦敦戏剧圈

1594年的夏天，莎士比亚听说伦敦已经扑灭瘟疫，剧院重新开放，虽然他与剧团联络不上，仍决定到伦敦看看情形。

他找到了剧团的好友约翰·赫明斯，两年不见，他们热烈拥抱，约翰急着告诉老友戏剧圈的近况："唉，一场闹了两年的瘟疫，让好多剧团都撑不下去，我们原先的剧团虽然因为受女王偏爱而被人家称为'女王剧团'，可是并没有得到王室任何实质资助，两年来到处流浪，走了很多团员，现在已经变成一个二流的地方剧团。我就是因为厌倦到处演戏的辛苦，而脱队回到伦敦。"

"连我们这个受女王喜爱的剧团都撑不下去，其他剧团情况也不会好吧？"

"是啊。现在只剩下两家剧团，一家受第一代诺丁汉伯爵查尔斯·霍华德赞助，他曾经领导英国海军击退西班牙的侵略，所以这家剧团就叫‘海军大臣剧团’。”

“另一家由哪位贵族支持？”

“是掌管剧院和宫廷演出的第一代亨斯顿伯爵亨利·凯里。”

“我们是好朋友，他是女王陛下喜欢的表亲，对戏剧有热情和管理经验，是很理想的赞助人。”

“可不是吗？他前两天才对我说，他很欣赏你的剧作，‘宫内大臣剧团’急切需要新剧本，叫我写信给你，要聘请你呢！”

“哦？那我就为他效力吧！”莎士比亚笑着说，“他有没有想到网罗那群大学才子？”

“别提了。”约翰急忙挥手，“他们死的死，搁笔的搁笔。”

莎士比亚大惊失色：“马洛怎么啦？他没事吧？”

“很不幸，去年他和人发生争执，被人杀了！”

“啊！这么难得的才子，不到三十岁吧？”莎士比亚不断摇头。

“二十九岁。”

“他曾是我的偶像，我认为他的剧本《浮士德博士的悲剧》是不朽的传世之作。”

“前年，妒忌你的格林死了。其他的剧作家好久没新作问世。”说到这儿，约翰不禁握拳往莎士比亚胸前轻轻一击，“放眼今天伦敦的剧作家，没有人可以和你竞争。而你，才刚过三十岁生日，前程远大，不可限量。”

听到莎士比亚加入宫内大臣剧团，对手海军大臣剧团简直吓坏了。他们想到的对策是成立一个剧本创作班，雇用一批诗人和刚毕业的大学生写剧本，后者被看成大学才子派的第二代。可惜这些人写剧本的才华都无法跟莎士比亚抗衡。其中最受人瞩目的是一位年轻人叫本·琼森，比莎士比亚小八岁，他的诗与剧本都写得很好，最崇拜莎士比亚。

这年圣诞节到新年期间，两家剧团都受到宫廷邀请，在女王面前演出。第二年的圣诞表演，宫内大臣剧团的演出场次多过海军大臣剧团。第三年的圣诞表演，六场完全由宫内大臣剧团负责。由此可见两个剧团受欢迎程度的差别越来越明显。

莎士比亚是宫内大臣剧团的最大功臣。他的一支笔剧力万钧，把对方剧团八九位剧作家打得落花流水。那些人有的专门写喜剧，有的只会写悲剧，有的负责写历史剧；而莎士比亚各种剧型都擅长，他写了喜剧《爱的徒劳》和《仲夏夜之梦》，悲剧《罗密欧与朱丽叶》，以及历史剧《理查二世》。

《爱的徒劳》的故事是说国王那瓦和三个朋友决定隐居起来，躲避女孩的诱惑，好专心念书。没有想到，法国公主和三个女友正好来访问。男士们纷纷坠入情网，但他们不肯在朋友面前承认爱上女生，一面追求女友，一面拼命掩饰，于是闹了很多笑话。戏里面，国王和三个男友打扮成俄国人，讨女士们欢心；女士们为了捉弄男士，也互相打扮成别人。

《仲夏夜之梦》是一出到现在还经常上演的莎士比亚喜剧。赫米娅被许配给狄米特律斯，但她深爱拉山德，两人决定私奔。狄米特律斯的旧女友海伦娜，仍然爱着狄米特律斯，就把赫米娅的计划告诉他，以讨好他。赫米娅和拉山德逃进森林里，狄米特律斯和海伦娜也追了过来。

统治森林的仙王奥布朗和仙后提泰妮雅正在吵架，仙王要报复仙后，命令仆人浦克去摘取一种魔花，趁仙后睡觉时，把花汁滴在仙后眼里，当她睁开眼睛，就会疯狂地爱上第一眼看见的任何人或动物。然后，奥布朗把织工波顿变成一头驴子，站在仙后面前，醒后的仙后果然追着驴子亲热，让大家笑翻了天。

森林里的精灵，好心地想帮赫米娅等人解决爱情问题，但浦克却把花汁滴错了，造成拉山德和狄米特律斯同时爱上海伦娜。

最后，奥布朗和浦克改正了他们的错误，拉山德爱赫米娅，狄米特律斯爱海伦娜，仙王和仙后和好，可怜的织工波顿也恢复原形。他们仿佛做了一场奇怪的仲夏夜之梦。

莎士比亚似乎要告诉观众，一见钟情的恋爱，有时候的确疯狂得没有道理可讲。

《罗密欧与朱丽叶》大概是莎士比亚最出名的爱情悲剧。故事背景在意大利的维罗纳，两个当地望族世代仇视对立，互不往来。罗密欧与朱丽叶出生在彼此仇视的家族，却爱上对方。他们费尽心思要结合，不幸阴错阳差失去生命。他们的死亡，让两家父母醒悟到自己被仇恨蒙蔽的愚蠢，于是两家和好，结束长期的敌对。

这出感人的爱情悲剧里，台词不乏精致典雅的十四行诗。

莎士比亚写的故事除了吸引人之外，更难得的是台词始终优美如诗。如果我们要以一句成语评论莎士比亚剧作的特色，那就是“雅俗共赏”。社会上层的女王与贵族、普通的老百姓、满腹诗书的学者，都是他的戏迷。

8. 悲伤与同情

瘟疫结束后回到伦敦，在两年内莎士比亚成为炙手可热的顶尖剧作家。然而在三十二岁那年的夏天，他接到家乡来信，告诉他儿子病得很严重。他急忙赶回斯特拉特福，但仍然无法挽回这个小生命。

他把独生子哈姆内特抱在怀里，一颗心碎裂成千万片，满脸的泪珠滴落成河。“他才十一岁啊！”莎士比亚沉痛地哀号：“我能拿什么换回他的生命呢？”

当时他正在写《约翰王》，讲述的是理查一世死后，弟弟约翰登基为国王，但是理查一世的王后认为她的儿子亚瑟才应该继位，就去向法国求援，因此开启两国间的战争；而理查一世的私生子也加入王位争夺战。其中有一场景是小王子亚瑟受到叔叔约翰王迫害，从高墙跳下自杀，他的哥哥（理查一世的私生子）看着别人抬起亚瑟的

尸体，说道："你把整个英国多么轻易地举了起来！"说的是莎士比亚的心声吧！哈姆内特对他而言，不就是整个英国？

《约翰王》里有几句话，说到一位失去孩子的父亲，看见悲伤化身为他的孩子：

> 它躺在他的床上，陪着我到东到西，装扮出他的美妙的神情，复述他的言语，提醒我他一切可爱的美点，使我看见他的遗蜕的衣服，就像看见他的形体一样，所以我是有理由喜欢悲哀的。再会吧；要是你们也遭到像我这样的损失，我可以用更动听的言语安慰你们。我不愿梳理我头上的乱发，因为我的脑海里是这样紊乱混杂。主啊！我的孩子，我的亚瑟，我的可爱的儿！我的生命，我的欢乐，我的粮食，我的整个的世界！
>
> （朱生豪　译）

沉痛的句子，表现了莎士比亚无法轻易忘记的悲苦。

他也看到家乡残破的一面。过去两年内，斯特拉特福发生几场大火，烧毁两百栋以上的建筑，莎士比亚的许多好朋友因此无家可归。他看到烧焦的废墟，心情更加沉重。

宫内大臣剧团开始巡回演出，他没有加入，不必赶回伦敦，可以在家乡多住些时候。有一日和父亲闲聊，父亲说："大约三十年前，我生意做得顺利，又担任地方公职时，曾经向政府申请家徽，你知道，我们家永远不可能成为贵族，如果能获得政府颁发的家徽，可以提升社会地位。"

莎士比亚点点头，他了解父亲的心意。

"后来我生意走下坡，辞去公职，还受你叔叔的债务牵累，那件事就搁下了。"父亲停住口，犹豫了一会才继续说，"如今我的第三代，孙子哈姆内特不在了，你说我们还需要家徽来提高社会地位吗？"

"爸，三个弟弟虽然还没结婚，但仍有可能为您生孙子。再说，有家徽也让您的两个孙女光荣啊！我们还是继续申请吧！"

或许因为莎士比亚在戏剧上的名声，这回申请很快得到批准，他的父亲约翰·莎士比亚得到政府颁发的家徽，被尊为绅士。

留在家乡的日子，莎士比亚并没有停笔，他完成了剧本《威尼斯商人》。

故事发生在威尼斯，有一个对朋友热情有义气的商人安东尼奥，为了帮助朋友巴萨尼奥与鲍西娅结婚，去向富有但吝啬、贪婪、喜欢占人便宜的犹太人夏洛克借钱。夏洛克一向觉得安东尼奥看不起他，想趁机报复，便和他签约，规定到时间如果安东尼奥没能还钱，就得让夏洛克在靠近心脏的部位割下一磅肉抵债。

没想到一场意外发生，使得安东尼奥无法在约定的时间内还钱，只好被夏洛克告到法庭。安东尼奥的朋友替他凑足了钱要还给夏洛克，可是夏洛克不肯收钱，坚持要割安东尼奥的肉。就在千钧一发的时刻，法官告诉夏洛克，他可以动手了，但必须做到两点：一、不多不少只能割下一磅肉。二、不能流一滴血。如果夏洛克割下超过合约规定的一磅肉，多拿走安东尼奥身体上的任何东西例如血，他就得受威尼斯法律惩罚，财产没收，甚至判处死刑。

一心想弄死安东尼奥的夏洛克傻了！他怎能从安东尼奥胸部不多不少割下一磅肉而不流一滴血？安东尼奥反而倒过来请求法官饶恕夏洛克。那聪明的法官，居然是鲍西娅假扮的。

很多人批评这出戏是莎士比亚反犹太人的作品。在莎士比亚时代的欧洲社会，基督徒与犹太人由于宗教信仰的差异，彼此看不顺眼是非常普遍的现象，善于理财的犹太人有钱而缺乏社会地位。拿现代社会种族平等的眼光来责备莎士比亚，是忽略了他的时代背景。不过，戏里有几句台词，反映莎士比亚认为人性其实都是相同的，和种族与信仰的宗教无关：

> 我是一个犹太人。……你们要是用剑刺我们，我们不是也会出血吗？你们要是搔我们的痒，我们不是也会笑起来吗？你们要是用毒药谋害我们，我们不是也会死的吗？那么要是你们欺侮了我们，我们难道不会复仇吗？
>
> （朱生豪　译）

莎士比亚本身对朋友非常慷慨。他的同乡好友艾德里安·奎尼的房子毁于大火后，生活长久陷入困境。有一次实在撑不下去，请在伦敦的儿子理查向莎士比亚借钱，莎士比亚立刻把钱送到理查住处。理查在家书里提到这件事，证明莎士比亚成名后并没有看不起他家乡的穷朋友。

9. 宫内大臣的纷争

1596年底，莎士比亚再度回到伦敦，剧团同事告诉他一件坏消息：“支持我们的宫内大臣亨斯顿爵士去世了，他的儿子同意继续赞助我们。可是亨斯顿爵士担任的职位——宫内大臣，女王陛下却封给科巴姆爵士，由他来掌管宫廷演出。”

“科巴姆爵士?!”莎士比亚脸色一变，“大家都知道他仇视戏剧圈。这简直是胡闹!”

“只有市政局那批人喜欢他。去年弗朗西斯·兰利盖新剧院天鹅剧院，市政局就百般阻挠。现在换了科巴姆爵士掌管剧院，市政局马上劝他关闭城中所有的客栈剧场。”

“我们冬天的演出都在客栈剧场，关闭之后，只好回到郊外的几间戏院，恐怕没有几人愿意在寒冷的冬日跑那么远去看戏。”莎士比亚皱着眉头陷入沉思，“看来，我们只有和兰利签约，冬天在天鹅剧院演出。”

签好约，他又忙着搬到靠近剧院的房子，忙得像蜜蜂一般，没有想到因为兰利而卷入一场危险的纷争。

兰利得罪了一位执法的官员加德纳，加德纳和他的继子联合起来威胁兰利，如果不向他们屈服，会不得好死。当时英国治安非常差，人民常自己解决仇敌，例如莎士比亚崇拜的克里斯托弗·马洛就是被仇人刺死；而崇拜莎士比亚的年轻作家本·琼森，以剑刺杀某位演员，差点被判绞刑。

至少，身为执法官员的加德纳可以找借口关闭兰利的天鹅剧院，那么，莎士比亚的剧团冬季就没有演出场地了。所以他协助兰利和加德纳父子展开谈判。

每次想到科巴姆爵士关闭了他们原本冬季演出的客栈剧场，莎士比亚就火冒三丈。他忍不住在新写的剧本《亨利四世》里，将一个肥胖胆小的骑士取名为约翰·奥斯卡斯特男爵，原型就是科巴姆爵士的祖先。

科巴姆爵士提出抗议，莎士比亚于是把骑士的名字改为福斯塔夫，那是一个以迅速开溜出名的历史人物。讨厌科巴姆爵士的人这下乐坏了，都在背后叫他这个诨名。

莎士比亚创造的喜剧人物，以福斯塔夫最受欢迎，多年后莎士比亚又把他放进《温莎的风流娘儿们》里。福斯塔夫品格不好，带坏亨利四世的儿子哈尔，让国王不想把王位传给王子。幸好，哈尔还是继承了宝座，成为亨利五世。新国王醒悟到他不能再像从前一样吃喝玩乐，无法无天，就拒绝再跟福斯塔夫做朋友。

福斯塔夫虽然是个大坏蛋，但他的肥胖、胆小，又逗得观众哈哈大笑。跟这样一个小丑连在一起，可以想见科巴姆爵士多么生气。

他还没有机会报复莎士比亚就去世了。女王把宫内大臣的爵位改赐给赞助莎士比亚剧团的亨斯顿爵士二世，于是，他们的剧团再度被称为宫内大臣剧团。

10. 买下第一栋房子

剧团有了好的赞助人，莎士比亚安心地回了一趟家乡，一方面放松神经，一方面想用积蓄购买一栋房子。

结婚将近十五年，莎士比亚的妻子儿女一直与他的父母弟弟妹妹住在亨利街的房子内，大家互相照顾，让远在伦敦的莎士比亚没有后顾之忧。可是，自从听到妹妹琼准备结婚，妹夫的职业是帽子师傅，而他们正在找新房，莎士比亚就想买一栋自己的房子。

从前读书的学校对面，有一座以砖头和木材建成的美丽房子，他每次经过，心里总想着有一天能住在里面多好。当他听说屋主昂德希尔正打算卖房子，就迫不及待地上门谈价钱。

昂德希尔既贪婪又狡猾，开出的价钱一毛也不肯少。几度交涉，莎士比亚终于以六十英镑买下他的梦幻美屋，加上两座谷仓，两座花园和两座果园。几周后，莎士比亚听说昂德希尔不幸被他疯了的儿子毒死。

第一次搬入完全属于自己的房子，莎士比亚和妻子女儿自然非常兴奋，但他们发现房子其实没有受到好的保养，内外有许多地方残破不堪，莎士比亚必须留在斯特拉特福一阵子，监督工人修理。

莎士比亚并没有放下笔，他继续创作剧本《亨利四世》，忍不住把修房子的心得写进去，例如“大地的结构和巨大根基”“如同一个描绘房子模型的人”，甚至后来的剧本也有不少这类句子。

每到下午放学时，整理院子的莎士比亚抬头就会看到孩子们跑出学校，叽叽喳喳地向四面散去，和早上去学校时踩着蜗牛一般的步伐多么不同。后来他描写军队溃散，就比喻为“放学了，人人匆匆往家和运动场跑去”。

每次看到上下学的孩子，莎士比亚的心就发疼，心想：“如果哈姆内特还活着，不就在他们中间吗？”

哈姆内特的死亡，对莎士比亚影响深远，他开始珍

To be or not to be, -- that is the questi
Whether 'ti's nobler in the min d to
suffer. The slings and arrows o
outrageous fortune. Or to
take arms against a
sea of troubles, A
by opposing en
them ? All the
World's a
stage.

惜与家人，尤其是两个女儿的共处时光。照惯例，剧团每年夏天都要离开伦敦，到各地巡回演出。莎士比亚告诉剧团，今后夏天他不演出，将留在斯特拉特福写新剧本。他的剧本是剧团最可贵的资产，请求当然得到批准。

丧子之痛也使莎士比亚在接下去的几年，不愿意创作悲剧，作品风格更呈现明显变化。他原来是个有些自我中心的诗人与剧作家，对笔下人物保持冷眼旁观的超然。经过人生痛苦，他对创造的角色，无论年纪和阶层，开始表现融入其中的同情与谅解。

因此，早期剧本中，主角的台词主要是押韵的诗，十分文绉绉，似乎不食人间烟火；只有喜剧角色的凡夫俗子，说的才是散文式的台词。中期剧本如历史剧《亨利四世》，就比较接近平常人的说话语气，无论国王或小丑，台词都以散文风格写成。即使有诗一般的优美台词出现，早期的抒情味也变淡了。

这时期莎士比亚创造的那些小丑人物，虽然卑微可笑，但也特别讨观众喜欢。只是，各种喜剧角色，能帮助莎士比亚忘却哈姆内特吗？

11. 疯狂行动

夏天结束了，莎士比亚回到伦敦，剧团的朋友急忙跑来告诉他："糟了，我们失去了演出场地天鹅剧院。"

"别急，别急，慢慢讲。"莎士比亚拍拍他们的肩膀。

"天鹅剧院的兰利老板又有麻烦了。"

"是加德纳报复上次兰利得罪他吗？"

"可以这么说。6月时，彭布罗克伯爵支持的剧团，在天鹅剧院上演一出讽刺的喜剧《犬之岛》，得罪了一些人，他们指责这出戏内容'肮脏诽谤'。加德纳那批官员本来就瞧不起剧院，趁机下令关闭所有剧院。"

"可恶，这批人已经禁止剧团在客栈演戏，现在又关闭剧院，他们真要把所有剧团都逼到走投无路吗？"莎士比亚气愤地说。

"而且，他们还逮捕了部分演员和编剧。编剧之一的托马斯·纳什幸运逃开，本·琼森没有他好运，被关入牢房。”

“唉！”听到同行被捕，莎士比亚不禁叫出声。

“不过，他已经被放出来了。禁令到10月废除，所有的戏院可以重新开张，只有天鹅剧院拿不到执照，不准演戏，只能演杂技马戏。”

“听说我们有时候租用的大戏院，老板伯比奇兄弟无法取得土地续约，所以我们也无法在大戏院演出。”

“是的，另一间玫瑰剧院被海军大臣剧团包下，我们只有在又旧又小的幕帷剧院演出了。”

“那里地点偏僻，冬天很难吸引观众。”莎士比亚皱紧眉头，“我们得想个办法。”

宫内大臣剧团秋季的第一场演出，只得租用幕帷剧院，剧本是本·琼森的第一部重要喜剧《人人高兴》。照惯例，莎士比亚代表他的剧团接受一出新戏的方式，是亲自上场饰演一角。后来本·琼森出版的作品集，附有一张演员表，可以看到莎士比亚的名字。

《人人高兴》是一出写实喜剧，有意传达琼森的一些理念，在序言里，琼森嘲笑莎士比亚的浪漫喜剧没有特定主题。回应琼森的嘲笑，莎士比亚在新戏《皆大欢喜》里创造了一个“幽默的杰克斯”角色，他的大志是“把染病的世界的丑恶的身体清洗个干净”。这两位剧作家都有极高才华，然而性情与为人南辕北辙，琼森傲慢，且咄咄逼人，欠缺包容性，而莎士比亚对人宽厚，从不把作品当作宣传工具。

宫内大臣剧团同时也在进行建立新剧院的计划。他们在堤边找到一块空地，空地的对面就是玫瑰剧院，长期被海军大臣剧团包下。

12 月 26 日，他们为女王做完圣诞献演的最后一场，有一段休息时间。两天后，宫内大臣剧团展开一项疯狂行动。大队人马带着斧头，浩浩荡荡地前往废弃的大戏院，由木匠彼得 · 斯特里特指挥，把木头一条条拆下，再一车车运到选好的空地上，斯特里特将以这批木材盖座新戏院，省下购买建材的一笔大钱。

建好的剧院叫作环球剧场，标志是希腊神话里的大力士赫拉克勒斯扛着地球，这或许是他们搬运剧场木头时得

到的灵感。

环球剧场可以容纳三千位观众，中间场地让人站着看戏，周围靠墙是一层层的座位。它最让人印象深刻的，是舞台的多层次。主舞台上面还有一个突出的舞台。当演员在上方舞台演出时，主舞台的幕帷放下，可以变换布景。然后，另一场景就在主舞台上展开。如此交替进行，省掉换景时的等待，让剧情进展一气呵成。

主舞台有活栈门通向下方的“地狱”，也有象征天堂的高台。显然，多层舞台是莎士比亚的设计，从此以后，他写的剧本可以有更广阔的发挥空间。

环球剧场不但由莎士比亚负责设计舞台，也有他的投资，别人因此称它为“莎士比亚和其他人士拥有的剧场”。其实剧场的最大股东是原来大戏院的老板伯比奇兄弟。他们无法取得大戏院的土地续约，于是同意宫内大臣剧团把大戏院拆掉，木料拿来盖环球剧场。他们拥有环球的一半股份。

莎士比亚只有十分之一的股份，但也挺可观的。他每写一出新戏，可以拿到大约十英镑的稿费，想想看，他在斯特拉特福买的大花园果园楼房也不过六十英镑。上场演出一个角色，他可以拿到八分之一的站票收入和一半的坐票收入。而身为剧场股东，他又可得到另外一半坐票收入的十分之一。另外，宫廷演出得到的赏赐都很丰厚。

难怪竞争对手——海军大臣剧团的那些演员既羡慕又嫉妒，快要疯了！他们在吝啬老板亨斯洛的严密控制下，都欠了一堆债务。亨斯洛本人也快急疯了，他只想快点找个地点盖新剧院，离开环球剧场越远越好。

12. 才华受到学者肯定

莎士比亚的收入令人羡慕，他的诗歌与戏剧才华也受到高度肯定。

1598年9月，有位学者弗朗西斯·米尔思出版了一本文学评论《智慧的宝库》，其中有一部分把当时的英国诗人与古希腊、拉丁的名诗人相提并论。他认为，莎士比亚的戏剧无论悲喜，都是顶尖的创作。不需要剑桥与牛津大学的艺术大师指点，人们自然认同莎士比亚是当代最伟大的剧作家。可是，只有与作家和剧场常接触的知识分子，才有机会看到莎士比亚那些私下流传在朋友间的十四行诗。

米尔思这么形容莎士比亚："正如欧福耳玻斯[①]的灵

① 荷马史诗《伊利亚特》中的特洛伊勇士。

魂住在毕达哥拉斯[1]的身体里，罗马诗人奥维德甜美机智的灵魂表现于流畅诗韵中，舌尖如蜜糖的莎士比亚在朋友之间传诵他的诗作《维纳斯和阿多尼斯》《鲁克丽丝受辱记》和起伏澎湃的十四行诗。

“正如普劳图思和塞涅卡是公认最好的拉丁语喜剧与悲剧作家；莎士比亚的悲剧与喜剧也坐英国第一把交椅；喜剧方面，他写了《维洛那二绅士》《错误的喜剧》《爱的徒劳》《驯悍记》《仲夏夜之梦》和《威尼斯商人》；悲剧方面，他写了《理查二世》《理查三世》《亨利四世》《约翰王》《泰特斯·安德洛尼克斯》以及《罗密欧与朱丽叶》。

“正如埃佩奥斯·斯托罗所说，掌管文艺的九位希腊缪思女神如果懂拉丁文，她们必倾吐喜剧大师普劳图思的妙语；我因此断言，缪思女神倘若会说英语，她们必说着莎士比亚的精致词语。”

米尔思真是一个眼光精准的学者，他把莎士比亚的剧本与传世的古典作品相比，似乎预告莎士比亚的历史地

---

① 古希腊哲学家、数学家。他自称自己的前世是欧福耳玻斯。

位。不过，他并没有举出到那时为止莎士比亚创作的所有剧本。

莎士比亚的剧本除了演出，还由剧团卖给出版商。1597 到 1598 两年间，莎士比亚的剧本《理查二世》《理查三世》《亨利四世》《爱的徒劳》分别由不同出版社印行。可惜出版社没有把他的剧本当一回事，印得错误百出。莎士比亚并不很在乎，他永远把心思放在正在创作的剧本上。

13. 天外飞来的横祸

伊丽莎白女王的男友莱斯特伯爵已经去世多年，他的继子埃塞克斯伯爵，经常陪伴女王，很得她的欢心。

爱尔兰有叛军造反，埃塞克斯伯爵怂恿女王派他去平定。1599 年 3 月，大军浩浩荡荡出发，赞助莎士比亚出版诗集的好友南安普敦伯爵，出任掌管马匹的将军职位。莎士比亚受到大军出征的热烈情绪感染，在即将完成的剧本《亨利五世》结尾写下这样的句子：

> 我们的圣明女王的将军从爱尔兰荣归，
> 他的利剑扫平了叛乱，多少市民，
> 倾城而出迎他归返这和平之城？

（张顺赴　译）

可见莎士比亚关心时事，会把时事写入剧本里。

可惜野心很大的埃塞克斯伯爵，实际上却是一个无能之辈。整个夏天他率领大队人马东奔西跑寻找叛军都没有收获，自己先失去信心与耐心，与叛军的首领蒂龙约定停战，抛弃军队，跑回宫廷求女王饶恕。

震怒的女王逮捕了他，不久将他释放，驱逐出王宫，不再宠信他。

第二年的2月6日，一群绅士来到环球剧场，要求宫内大臣剧团尽快演出莎士比亚的一出老剧本《理查二世》。剧团的人不愿意，说那出旧戏不会吸引观众。

绅士们提出好价钱，说动了剧团，第二天下午上演《理查二世》。剧中理查二世将反对他的人不合法地赶出国土，而且没收他们的财产，引起他们叛变，杀死理查二世。果然，来看这出旧戏的观众不是很多。

《理查二世》演完的次日早上，埃塞克斯伯爵率领三百个军人，冲到大街上，号召人民起来拯救女王，消灭她身边的邪恶小人们。没有一个老百姓加入他们。埃塞克斯伯爵和南安普敦伯爵都遭到逮捕，十天之后接受审判，

以叛乱罪名处死。南安普敦伯爵受到的惩罚很快改为终身监禁，逃过一死。

宫内大臣剧团莫名其妙卷入这场叛变。因为他们演出《理查二世》，被怀疑替叛党宣传，暗示王宫受到威胁，需要出兵保护。伊丽莎白女王说："我就是理查二世，你们不知道吗？"官方审问剧团，发现他们其实和叛党没有关系，于是无罪释放，仍然可以照常演出。

伊丽莎白女王信任莎士比亚，向来爱看他的戏，曾经要求莎士比亚为笔下滑稽的福斯塔夫再写一出戏，就是《温莎的风流娘儿们》，在温莎堡演出。有些剧本，因为她的意见而受到修改。

《亨利五世》很可能是环球剧场1599年秋季落成上演的第一出戏。莎士比亚在剧本的序言里向观众道歉，他认为剧场简陋，不能展现"如此壮观的题材"，但我们可以感受到他对环球剧场的观众席设计颇为得意。

在莎士比亚的宫廷剧作里，《亨利五世》最能炫耀英国的强大国势。尚未登上王位前过着荒唐生活的亨利五世，登基以后却是一个善于征战和展现权势的国王。不过，莎士比亚在叙述亨利五世的丰功伟业时，也不忘刻画战争的阴影。

在一次作战的前夕，亨利五世装扮成一个普通士兵，到处偷听士兵谈话，想了解他们的想法。这些军人都很害怕会死在战场，亨利五世就劝告他们不必担心死亡，因为他们是为正当理由而战。有人回答：

> 可是如果这场战争不得人心的话，国王自己所造的孽就重了。所有那些在厮杀中被砍掉的腿、臂和头将在最后的审判之日重合为一体，齐声呼冤叫屈……如果士兵死不瞑目，那将他们引上死路的国王就罪大恶极了。
>
> （张顺赴　译）

莎士比亚的宫廷剧也指出，即使贵为国王，不见得就过得快乐。亨利五世想到他的父亲亨利四世，本来只是公爵，杀害理查二世得到王位，但到死不能心安。亨利五世独处时，有一段话说出他的真正感受：

我知道，无论加冕为王的圣油、
权杖和宝球、佩剑、王之笏，
无论王冠、镏金嵌珠的黄袍、
繁复堂皇显赫的帝王之荣称，
无论是国王高踞其上的王座，
如巨浪拍打世界海岸的喧哗，
所有这一切无与伦比的荣显，
全部堆砌在帝王的卧榻之上，

也不能让君王如一卑奴一样，
安然入眠。

（张顺赴　译）

莎士比亚虽然常常到宫廷演戏，他可不羡慕王室生活啊！

4. 中年心境

不管发生什么惊天动地的大事还是可笑的小事，都无法让莎士比亚在创作上分心。

为了偿还兴建环球剧场的贷款，剧团把莎士比亚的剧本《威尼斯商人》《仲夏夜之梦》《无事生非》《亨利四世》卖给出版商。

剧团里的一个小雇员，偷偷把修改过的《亨利五世》卖掉。剧团发现时已经无法阻止出版社印行。在圣保罗大教堂附近的书店，可以买到印刷恶劣的《亨利五世》等剧本，那时候盗版的书籍多如牛毛。

莎士比亚的新剧本一出接一出地推出，希望吸引观众，早日还清兴建剧院借的高利贷。1599 年，莎士比亚完成历史剧《恺撒大帝》和喜剧《皆大欢喜》。

恺撒是一个有野心的罗马将军，他领军出外打了胜仗，非常自满，凯旋后准备自立为皇帝。那时的罗马是由贵族组成的元老议会统治，元老们不希望有一个皇帝出现来压制议会，就联合起来在议会里刺杀了恺撒。

恺撒被杀的消息一传出，爱戴他的罗马市民聚集市区，要求元老们解释。恺撒最好的朋友勃鲁托斯是一个有理想的元老，他告诉群众，刺死恺撒“不是因为爱恺撒比较少，而是爱罗马更多”，不忍心见到罗马走向独裁政治。

群众听了觉得恺撒的确该死。这时候，恺撒一派的人处境非常孤单危险，幸亏安东尼出来对群众讲话，他雄辩滔滔，把恺撒说成一个爱民如子的人，遗留给每个市民金钱，让大家分享他的牧场、果园和凉亭。他的演说改变罗马人民的想法，反过来指责刺杀恺撒的元老们，他们吓得狼狈逃走。

《恺撒大帝》写得最成功的地方，就是透过勃鲁托斯理性与安东尼煽情的两篇演说，刻画群众的愚昧，他们没有独立判断的能力，多么容易受到政客操纵！当演员扮演安东尼演讲时，台下站着看戏的几百位观众真的就像罗马市民，这场面让英国官员很不放心，他们害怕不满意现实

的伦敦市民也起来暴动。

《皆大欢喜》改编自托马斯·罗奇的散文体牧歌传奇《罗瑟琳》。流亡长公爵的土地财产被弟弟弗莱德里克公爵侵占，与一批随从逃到森林中，遇见了年轻人奥兰多，他也是逃避哥哥奥列佛的虐待，而躲藏在那儿。

戏里虽然有残酷的兄弟斗争，但也有温暖忠诚的友情，例如，老仆亚当对小主人奥兰多忠心耿耿；弗莱德里克公爵的女儿西莉娅和长公爵的女儿罗瑟琳，友情不因为上一代的争执而改变。

戏里当然也有美丽的爱情，有几对爱人，包括奥兰多和罗瑟琳坠入情网。不习惯乡下生活的小丑试金石，最后也爱上了村姑奥德蕾。

故事结尾，长公爵和奥兰多可以回到他们舒服的宫廷家中，但是跟随长公爵逃亡到森林中的杰奎斯，却决定留下来做隐士，他觉得大自然比人类社会安全可爱多了。

这种看法，表现在一首歌里。唱歌的人是另一位跟随长公爵的贵族阿米恩斯：

不惧冬风凛冽，
风威远难逮及
人世之寡情；
其为气也虽厉，
其牙尚非甚锐，
风体本无形。
噫嘻乎！且向冬青歌一曲：
友交皆虚妄，恩爱痴人逐。
噫嘻乎冬青！
可乐惟此生。

（朱生豪　译）

1600年底，他写好《第十二夜》新戏，在庆祝圣诞节的第十二夜于王宫的白厅演出，供女王和来自意大利的贵宾欣赏。

《第十二夜》又是一出充满误会的喜剧。薇奥拉在船沉后漂流到异乡，她为了保护自己，打扮成男人，改名叫西萨里奥，为奥西诺公爵做仆人。公爵派她送信给他爱慕的奥丽薇雅，奥丽薇雅正在为兄弟的死悲伤，西萨里奥自己的兄弟也死于海难，两人同病相怜，奥丽薇雅忍不住爱上女扮男装的西萨里奥。

其实，西萨里奥的兄弟西巴斯辛在船沉后得救，他和西萨里奥长得一模一样，把奥丽薇雅搞糊涂了，闹了许多笑话。最后，西萨里奥还原她的女孩身份，与她爱上的奥西诺公爵结婚；奥丽薇雅皆大欢喜嫁给西巴斯辛。

欧洲人庆祝圣诞节到第十二天主显节，曾经有个奇怪的习俗，就是选一个仆人或孩子出来做“失序之王”，可以捣蛋胡闹，制造欢乐气氛。《第十二夜》里就有一个失序之王——小丑费斯特。虽然看起来像傻瓜，但他说的话才是事实，而其他人自以为聪明，看事情却不清不楚。

莎士比亚把这出戏里的奥丽薇雅，形容为一位青春不老、永远美丽的仙后，伊丽莎白女王看了非常高兴，觉得自己就是奥丽薇雅。然而，这位精明能干的女王哪能抵抗时间腐蚀呢？她已经六十七岁，满面皱纹，头发花白了。

莎士比亚本身也三十六岁了，他当然不相信有人能够抵挡时间的破坏。他写的诗里常有“消耗的时间”“吞噬的时间”“贪婪的时间”等感叹。

《第十二夜》表现出他对无情时间的妥协。在这出戏以前的剧本，他从年轻人的角度看待时间的流逝如水；《第十二夜》里，他带着同情的眼光接受人总得步向老迈的事实。这出剧本可以说是他中期作品里达到巅峰的喜剧。

15. 不介入竞争

自从环球剧场建好后，宫内大臣剧团和海军大臣剧团形成隔街打台戏的局面，逼得海军大臣剧团搬到泰晤士河对岸新建的幸运剧场。幸运剧场模仿环球剧场格式，只是形状是正方形的。

宫内大臣剧团面临的新竞争者，是两个男童剧团：一个由圣保罗教堂唱诗班的男孩们组成，另一个是宫廷教堂的男童歌咏队。这两个唱诗班当初所以会演起戏来，是因为女王喜欢他们唱的音乐剧，鼓励他们演戏。

当然，他们就像所有的儿童合唱团，每年都有一些长大开始变声的团员离开，也有年纪小的新团员加入。他们清新可爱，又常有新面孔出现，吸引许多厌倦成人剧团老面孔的观众。

这两个剧团重金礼聘好编剧为他们写剧本，没想到因此惹出一连串的热闹。

本·琼森和约翰·马斯顿是两个优秀的剧作家，但彼此看不顺眼，不欣赏对方的创作风格。琼森以前就曾在戏里讽刺莎士比亚，现在又在戏里以打油诗嘲笑马斯顿。马斯顿不是省油的灯，也在为圣保罗儿童剧团写的剧本中挖苦琼森。琼森马上在为宫廷教堂儿童剧团编的新戏里，大大揶揄马斯顿和他的朋友。两个人你来我往，不断在新剧本中讥笑对方作为报复，让伦敦人看得乐不可支。

这场纷争，可算是琼森的文斗。他曾经和一位演员打架，失手杀了对方。他后来受到大拇指烙印的惩罚。

莎士比亚没有加入他们两人的对战，只在剧本《哈姆雷特》的注脚略微提到这段争执，以及儿童剧团的竞争。一方面可以看出他的修养很好，一方面也可以证明他的剧作才华受到普遍肯定，连刻薄的琼森都尊敬莎士比亚。

而此时莎士比亚的老家也发生了一连串变化。父亲于 1602 年 3 月去世。伤心的莎士比亚回到故乡料理父亲后事。就在他度过童年的亨利街房子里，虽然失去了老家长，也迎来了一个新生命。妹妹琼生下男孩，他是莎士比亚的第一个外甥。莎士比亚最小的弟弟爱德蒙，则跟随大哥脚步，离开家乡，追寻他自己的演员梦。

莎士比亚回伦敦前，授权弟弟吉尔伯特买下斯特拉特福北边老社区一片占地一百二十七英亩的农庄，于是，即将年满三十八岁的莎士比亚，成为斯特拉特福的大地主。

16. 新国王新气象

1603年2月2日，宫内大臣剧团在女王面前演出《哈姆雷特》。这出戏叙述丹麦王子哈姆雷特遇见亡父的鬼魂，告诉他父亲是被叔叔害死。叔叔篡夺王位，还娶了哈姆雷特的母亲。王子不确定鬼魂说的是事实，就在叔叔面前安排一场国王被杀的戏，果然叔叔露出惊恐的表情。他要为父王报仇，但他的个性不够果断，顾虑太多，好几次应该采取行动却犹豫不决，错过复仇的时机。

为了逃避叔叔迫害，哈姆雷特假装发疯，不小心刺死女友奥菲丽雅的父亲。奥菲丽雅担忧男友精神失常，又受到父亲去世的打击，精神恍惚落水而死。坏叔叔一再尝试除掉哈姆雷特没有成功，他准备的毒酒，被哈姆雷特的妈妈搞错拿去喝了，毒发而死。

奥菲丽雅的哥哥雷欧提斯要求与哈姆雷特决斗，替父

亲和妹妹报仇。坏叔叔在雷欧提斯的剑尖抹毒，决斗的结果是雷欧提斯与哈姆雷特都被毒剑刺死。断气前，哈姆雷特终于下定决心将叔叔杀死。

复仇这个题材从希腊悲剧开始，在西方戏剧里一再出现。可是，莎士比亚的《哈姆雷特》评价最高，因为他细腻地描写了王子在仇恨与良心间的不断挣扎，请看最有名的一段台词：

> 生存还是毁灭，这是一个值得考虑的问题；黯然忍受命运暴虐的毒剑，或是挺身反抗人世无涯的苦难，在奋斗中扫除这一切，这两种行为，哪一种更高贵？
>
> ……
>
> 重重的顾虑使我们全变成了懦夫，决心的赤热的光彩，被审慎的思维盖上了一层灰色，伟大的事业在这一种考虑之下，也会逆流而退，失去了行动的意义。
>
> （朱生豪　译）

剧终时，王子的好友对着他的尸体说：“晚安，亲爱的王子，愿成群的天使用歌唱抚慰你安息！”

演员与观众没有想到，一个月后的3月24日清晨，伊丽莎白女王一世也长眠安息，结束她七十年的人生。

继位的是苏格兰国王詹姆斯，与莎士比亚差不多年纪，心地不坏，只是有些顽固，爱炫耀，常常卖弄学问。他的王后原是丹麦公主，作风奢华。他们生有三个孩子：亨利、伊丽莎白、查理。

詹姆斯国王即位后，人员进行大变动，赞助莎士比亚出版诗集的南安普敦伯爵因为叛乱罪被伊丽莎白女王关入监牢，现在得到特别赦免而释放出狱。

对剧团最大的影响是詹姆斯国王一家对戏剧的喜好。登基两个月内，詹姆斯国王就表示愿意担任莎士比亚剧团的赞助人。他颁发给剧团里每一个人“御前侍从”的头衔和一套猩红色的制服，大家都改叫莎士比亚的剧团为“国王剧团”。

荣誉头衔虽然没有薪水可领，但他们在宫廷的演出机会大大增加，可得到更多酬劳。伊丽莎白女王一年只看六七场戏；詹姆斯一家一年看的戏大多在二十场以上，主要是由国王剧团演出。

其他的剧团也受到王室赞助。海军大臣剧团改为“亨利王子剧团”，一个刚成立的剧团成为“王后剧团”，而宫廷教堂儿童剧团的新名称是“王后宴会儿童剧团”。

不幸的是，詹姆斯国王登基不久，瘟疫又开始在伦敦蔓延，剧场被迫关闭，到第二年春天重新开放，将近一年时间内有三万人死亡。

国王剧团只好到各地巡回演出。剧团里的一个雇员凭着记忆写下《哈姆雷特》，偷偷卖给出版商，印刷的品质非常恶劣，却在瘟疫期间的伦敦热卖，显示伦敦人在无法看戏的情况下，对莎士比亚戏剧多么怀念。

莎士比亚开始写一出新戏《一报还一报》。这部喜剧和从前那些轻松逗笑喜剧《无事生非》《皆大欢喜》等比较，嬉笑的背后有一个严肃的主题，可以说是莎士比亚的一个新尝试。

《一报还一报》的故事发生在闹瘟疫的维也纳，显然可怕的伦敦瘟疫给了莎士比亚灵感。统治维也纳的公爵离城逃避瘟疫，让满口仁义道德的安哲鲁代理政事。他以“不道德”为罪名要处死一个年轻人克劳狄奥。克劳狄奥的妹妹伊莎贝拉正准备做修女，去向安哲鲁求情。

“把你的肉体献给我，来救你弟弟的性命。”安哲鲁色眯眯地盯着美丽的伊莎贝拉说。到了约定的时间，安哲鲁发现，前来赴约的女孩竟然是被他抛弃的玛利安娜，他中了伊莎贝拉的计！

安哲鲁气得要杀死克劳狄奥，幸亏维也纳公爵回城。他惩罚虚伪的安哲鲁，下令安哲鲁娶玛利安娜。公爵自己爱上聪明漂亮的伊莎贝拉，和她结为夫妻。

剧中的安哲鲁是个伪君子，要以“不道德”罪名处死别人，自己却不能遵守道德，这是《一报还一报》的主题。

瘟疫期间，莎士比亚偶尔会和剧团到国王各地的宫廷表演。1603 年的圣诞节庆祝期间，莎士比亚和他的团员为国王演出七场戏，他自己也粉墨登场。

17. 悲剧作家

1604年2月瘟疫逐渐扑灭，莎士比亚再回到伦敦，他搬入新的住处，房东蒙特乔依是一个制造妇女昂贵头饰的商人。

搬入新居，莎士比亚开始撰写《奥赛罗》。奥赛罗是非洲西北部摩尔族的黑人，他带领威尼斯人击败土耳其，升任为大将军。白人助手伊阿古非常妒忌他的成功，便挑拨离间奥赛罗和白人爱妻苔丝狄蒙娜的感情，让奥赛罗误会妻子爱上别人。他没有调查清楚，就愤怒地杀死妻子。当他了解到妻子其实清白无辜，已经无法挽回爱妻的生命，便羞愧地自杀。

奥赛罗的悲剧，在于他对妻子多疑善妒，也刻画出黑人在白人社会受到的歧视与压力，是一出探讨种族主义的深刻作品。

接下去的四年，他创作了一出又一出的悲剧：《李尔王》《麦克白》《雅典的泰门》，等等，以《安东尼与克莉奥佩特拉》达到巅峰。

《李尔王》叙述两位糊涂父亲造成的悲剧。一个是昏庸的老国王李尔，听信长女和次女的花言巧语，把国土和权力分给她们，而把说真话的小女儿嫁给法国国王，剥夺她的财产继承权。后来长女和次女对他很坏，把他赶到野外，他才明白只有小女儿真心对他好。

另一位糊涂父亲是李尔的大臣葛罗斯特伯爵，他听了私生子埃德蒙的挑拨，以为儿子埃德加要杀他，而把埃德加逐出家门。埃德蒙勾结李尔的二女儿，把去拯救李尔的葛罗斯特伯爵眼睛挖掉。伯爵气得要自杀，被埃德加救回。

李尔的小女儿率领法国军队来与两个坏姐姐作战，不幸被埃德蒙逮捕，在狱中她和也被逮捕的李尔重逢，父亲向女儿道歉，两人重归于好。

埃德加去向埃德蒙挑战，击败埃德蒙。李尔的长女和次女都爱上埃德蒙，争风吃醋，吵吵闹闹，长女毒死了次女后自杀。埃德蒙早先已下令处死李尔王和小女儿，埃德加派人去拯救李尔父女，可惜太迟了，小女儿已被处死，李尔也在悲伤绝望中离开人世。

编写与导演悲剧比写喜剧要沉重多了，我们可以想见莎士比亚那些年中，情绪经常浸淫在悲剧人物的命运里，与可怜的剧中人一起情绪起伏。不过，写悲剧并不一定表示作者本身的遭遇凄苦。莎士比亚失去独生子的那段日子，可算是他一生里最悲伤的时期，他却在《亨利四世》中创造了一个肥胖又胆小的喜剧角色福斯塔夫，接下去几年，他还写了一连串喜剧。

反倒是逐渐克服丧子之痛后，莎士比亚开始写出一连串悲剧。我们只能说，当一个剧作家的创作生命成熟时，他很自然地想要尝试戏剧的最高形式——悲剧。喜剧让观众开心大笑，但只有悲剧，才会让观众透过眼泪的洗涤，看清人性的许多弱点。明白缔造悲剧的原因，观众才能从悲剧里学到更深刻的教训。因此在西方，悲剧的地位一向比喜剧高。

《雅典的泰门》是说富有而慷慨大方的雅典人泰门，不幸沦入贫穷，环绕在身边的朋友都跑得远远的，没有人愿意帮忙他。后来，他又重获财产，可是他对雅典人，甚至对所有人类都感到厌恶，觉得人性丑陋自私。他也不认为可以用金银珠宝买到真正持久的人生幸福，于是离开文明的雅典城，跑到荒野去。

有研究者考证，指出这出戏是莎士比亚和另一位年轻编剧托马斯·米德尔顿合作写成的。他们两人还合作了《一报还一报》和《麦克白》。其实，莎士比亚流传到今天的剧本，很多都是根据别人的剧本改编，或是与他人合作的成果。

1604 年 8 月，英国与西班牙签订和平条约，结束了二十年的战争。国王剧团被召到宫廷里演戏给西班牙特使观看。

詹姆斯国王特别高兴，下令大肆庆祝。这年宫廷的圣诞欢宴，从 11 月初持续到隔年 2 月底，国王剧团演出十一场，至少有七场是莎士比亚的剧本：《奥赛罗》《温莎的风流娘儿们》《一报还一报》《错误的喜剧》《爱的徒劳》《亨利五世》和《威尼斯商人》。

18. 完成四大悲剧

1605年，莎士比亚又花了一大笔钱——四百四十英镑，在斯特拉特福买下一块土地。莎士比亚虽然名利双收，可是他在伦敦一直租别人的房子住，钱都拿回故乡买地买房子，故乡在他心目中，是最想长住的地方。

那年圣诞节期间，国王剧团为詹姆斯国王演了十场戏。国王看得很过瘾，可是他忍不住对莎士比亚说："我已经看了不少你编的戏，那些历史戏不是取材自英格兰历史，就是外国历史。你也应该从苏格兰历史里找材料，我的祖先也有许多动人的故事啊！"

"谢谢陛下的建议，我会试试看。"

"还有，我的亲戚丹麦国王克里斯钦四世夏天要到英国访问，你那出《哈姆雷特》说的是丹麦王子的故事，会让国王陛下觉得很亲切。"

“是的，我们剧团到时候一定会演出这出戏。报告陛下，《哈姆雷特》不但在英国很受欢迎，到处都有人引用其中的戏词，而且许多外国剧团也都在他们国家演出《哈姆雷特》呢！”

“谢谢你为英国创造光荣！”

受到詹姆斯国王鼓励，莎士比亚开始找寻苏格兰的历史故事，他发现麦克白的传说很适合改编成剧本。麦克白是一个野心勃勃的贵族，受到三个女巫和太太的煽动，悄悄杀死他的国王，坐上国王的宝座。但他和妻子都禁不起良心谴责，日日生活在恐惧悔恨中，最后更被正义的军队打败杀死。

剧中最有名的台词是麦克白听到爱妻死去的消息，突然觉得他们费了那么大劲篡夺王位，风光坐上宝座，结果却是一场虚空，因此觉得人生无趣：

人生不过是一个行走的影子，一个在舞台上指手画脚的笨拙的伶人，登场片刻，便在无声无息中悄然退下；它是一个愚人所讲的故事，充满着喧哗和骚动，却找不到一点意义。

（朱生豪　译）

莎士比亚很快编完这出悲剧。丹麦国王克里斯钦四世夏天访问英国时，果然看到《哈姆雷特》和《麦克白》两出戏。克里斯钦四世对叙述丹麦王子复仇的《哈姆雷特》特别有兴趣，而詹姆斯国王第一次看苏格兰历史戏《麦克白》，夸赞莎士比亚的剧本写得好。

“没有想到，你会把一段枯燥的历史，写成让人看得透不过气来的一出戏。”

《麦克白》《李尔王》《奥赛罗》《哈姆雷特》，后来被人们认为是莎士比亚写的悲剧里，最伟大的四出戏。它们到今天仍然不断在世界各地上演，比希腊悲剧还要受人关注。

这四大悲剧都以家破人亡为结局，里面都有许多邪恶的小人；但是，四出戏的男主角遭遇凄惨，不能全怪别人陷害，也不能完全指责命运残酷，他们本身个性上的缺点，多少促成悲剧的发生。

哈姆雷特优柔寡断，好几次放过动手复仇的时机；麦克白自己有篡夺王位的野心，才会受到爱妻和女巫的挑动；李尔喜欢听谄媚的话，把国土分给花言巧语的大女儿和二女儿，而赶走诚实并真心爱他的小女儿；奥赛罗不信任爱妻，才会中了别人的挑拨计。他们都地位显赫，不是国王、王子，就是大将军，可是他们不是神，身上也有一般百姓所具有的个性缺点，而这些缺点最后夺去他们和家人的性命。所以，莎士比亚的悲剧被称为“性格悲剧”，让观众看后学到教训。

接下去，莎士比亚又写了《科利奥兰纳斯》以及《安东尼与克莉奥佩特拉》两出戏。罗马大将军安东尼和埃及女王克莉奥佩特拉的爱情故事，也是一出悲剧。安东尼就是《恺撒大帝》里那个口才一流、会煽动人民的罗马将军。他消除刺死恺撒的反对势力后，和同阵营的屋大维争夺权力。他爱上恺撒的情人埃及女法老，两人的异国爱情，和他的罗马将军身份冲突。结局是安东尼战死，女王让毒蛇咬死自杀。这是莎士比亚写的最后一出悲剧。

19. 亲人的生活

1607年春天，莎士比亚收到家里来信，告诉他二十四岁的大女儿苏珊娜要结婚了。新郎是一个有名的医生约翰·霍尔，他的名气传遍全英国，甚至传到海外。

霍尔为了娶苏珊娜，买下一栋宽敞的房子，有两人的新房，也有看病用的诊所和药房。

处处是浓密树荫与美丽花朵的6月，四十三岁的莎士比亚回到斯特拉特福，愉快地主持了女儿的婚礼。

婚礼当天晚上，他回到家中，看到苏珊娜的空房间，不由得感触很深，对妻子安妮说："我们的小苏珊娜刚生下来，哇哇大哭，好像才是昨天的事。"

"可不是吗？一转眼她已出嫁，离开了家。"安妮坐在苏珊娜的床上说。

"以后，家里只剩下你和朱迪思，住在这么大的房子里，前后又是花园和果园，我很担心你们的安全。”

“我也想过这个问题。我想请托马斯·格林一家住过来，他是远方表亲，算是自己人。他的两个小孩好可爱，会为我们的大房子带来热闹的气息。”

“很好的主意。不过，我们必须告诉他们，当我退休回来长住时，他们得另外寻找住处。”

格林一家同意这个条件。莎士比亚并未急着赶回伦敦，因为瘟疫又开始蔓延，剧团正在外地巡回演出。他一直待到10月底，才与剧团在伦敦会合。12月28日，他们到王宫为国王的圣诞宴会演戏。

王宫庆祝圣诞节总是非常热闹，莎士比亚的心情却极端的沉痛，他最小的弟弟爱德蒙得病死了。这年的最后一天，12月31日，爱德蒙被安葬在离环球剧场不远的圣救世主教堂。

爱德蒙抱着演员梦到伦敦发展，到底为哪一家剧团演出，并没有确实记录。可惜他还没达到哥哥的成就即去世。爱德蒙的死，让莎士比亚的母亲十分伤心，几个月后，她也去世了。

她把亨利街住了四十几年的房子留给老大莎士比亚。莎士比亚以非常低的价钱出租给妹妹、妹夫一家居住。他另外两个没有结婚的弟弟住在别处，很可能继续经营父亲的手套店。

在此期间，莎士比亚的小外孙女伊丽莎白出生了。伊丽莎白出生于2月，让第一次当外公的莎士比亚非常高兴。

20. 心境转变

每次想到家乡有个可爱的小外孙女，莎士比亚就忍不住微笑，很自然地想写一些轻松活泼的爱情戏。

也可能是他写了四年悲剧，觉得有些厌烦了。还有一个原因，是剧院的改变影响到他的新创作路线。

在伦敦曾经受到欢迎的王后宴会儿童剧团，后来停止演出，他们使用的黑衣修士剧院空了出来，被莎士比亚和朋友们买下。

于是，国王剧团有了两个完全不同的演出场所。环球剧场很大，可以容纳两三千观众，包括社会各阶层的人士。一半的观众站着看戏，他们比较贫穷；买得起坐票的观众地位较高。环球剧场的最大缺点是开敞通风，冬天很冷。

黑衣修士剧院小多了，只有两三百个座位，没有站位，是一个很舒服的剧院。但它的票价比环球剧场贵多了，来看戏的人比较有钱，教育程度也比较高。它的缺点是舞台太小，不能上演大规模的戏，所以它一向是儿童剧团的演出场所。

有两位年轻的剧作家弗朗西斯·博蒙特和约翰·弗莱彻，为儿童剧团写过不少适合在黑衣修士剧院演出的剧本。国王剧团请他们继续为黑衣修士剧院编新戏。他们果然写了一连串甜美动人的爱情剧，跟现实生活没有什么关联。

莎士比亚自己，也开始写一些适合在黑衣修士剧院上演的喜剧，像《泰尔亲王佩力克里斯》，男主角经历重重冒险，最后被他以为已经去世的女儿玛丽娜拯救。接下去的几出戏，剧情也是环绕着年轻可爱的女主角发展。这些都可以看出小伊丽莎白对外公的影响。

国王剧团买黑衣修士戏院时借了一些钱，他们需要还清，于是陆续把莎士比亚的剧本《李尔王》《泰尔亲王佩力克里斯》《特洛伊罗斯与克瑞西达》卖给出版社。不过，前两个剧本印刷得很差，后人怀疑有些是盗版。

《特洛伊罗斯与克瑞西达》是莎士比亚几年前写的一出戏。他三十四岁时，伦敦出版了一本由乔治·查普曼翻译的古希腊史诗《伊里亚特》，原作者据说是盲诗人荷马。这本史诗叙述希腊一个城邦斯巴达的美丽王后海伦被特洛伊国的王子帕里斯拐走，希腊各城邦组织联军渡海包围特洛伊，两国长期对抗期间发生的一件件动人故事。查普曼的翻译本在伦敦热卖，给了莎士比亚写作剧本的灵感，他把重点放在一对年轻男女身上，他们是特洛伊的特洛伊罗斯以及希腊的克瑞西达，虽然两人的国家彼此敌对，他们却身不由己爱上对方。

莎士比亚在这出戏里，不仅诉说一对恋人不敌政治仇恨的悲剧，也借着一个希腊军人的口，指责为一个女人发动战争的荒谬以及战争流露的残酷人性。

21. 半退休状态

1609年，伦敦再度暴发瘟疫，剧院遭到长期关闭，剧团被迫到各地表演，莎士比亚一年大部分时间都待在家乡。他已经四十五岁了，对于近年瘟疫一再造成剧院歇业十分厌烦，于是想退休回归故乡。妻子安妮对于他的决定最高兴。

“但我不能说走就走，必须给剧团一年时间，寻找代替我的剧作家。”莎士比亚说。

“没问题，我们一家可以再住一年，帮你照看房子。”托马斯·格林从旁插嘴。

但是，第二年情况并没有改善，伦敦的瘟疫依旧没有平息。四十六岁的莎士比亚决定放弃在伦敦租的房子，退休回家乡。但他的笔仍然没停下来，完成了剧本《冬天的故事》。

《冬天的故事》的主要情节取自1590年出版的罗伯特·格林的田园传奇剧《潘朵斯托》。故事述说一个妒忌心很强的国王里昂提斯，怀疑妻子赫米温妮爱上别人，还生下孩子。他把赫米温妮关起来，又把小女婴丢到偏僻的沙滩上等死。

赫米温妮死在监牢里，小女婴倒是被牧羊人收养，取名潘狄塔。长大后和一个年轻人弗罗利泽坠入情网，他们发现弗罗利泽的父亲，就是当年被里昂提斯国王冤枉为王后男友的那个人。于是，潘狄塔就回去与里昂提斯国王相认。

国王看到他以为已经死去的女儿，明白当年的误会，很后悔做错事。他们听说某地有一个雕像，非常像去世多年的王后，他们就一起去看。原来，雕像是赫米温妮假装的，她以装死的方式逃出监牢，偷偷躲起来过日子。国王为他从前的愚蠢向妻子和女儿道歉，一家团圆。

奇怪的是，自1610年莎士比亚退休返回家乡到去世的几年中间，伦敦再也没有发生瘟疫。所以，莎士比亚有时仍会回到伦敦，处理剧团的事。

22. 最后一出剧本

莎士比亚读到一些报道，叙述乔治·萨默斯爵士带领舰队驶向弗吉尼亚在百慕大附近遭遇风暴，旗舰“海洋冒险号”失事，生还者不得不在新领土生活。他觉得沉船的故事很有戏剧性，脑子里开始构思一个海难的剧本，写出他一生最后的一出戏《暴风雨》。

《暴风雨》里充满了魔法。米兰公爵普洛斯帕罗是一个魔法家，不幸被兄弟安东尼奥赶出宫廷，带着女儿米兰达漂流到一座荒岛。普洛斯帕罗把岛上的女巫西考拉克斯关在一棵树内，她死在那里。她的儿子卡列班只好替普洛斯帕罗做用人。

有一天，普洛斯帕罗知道他的兄弟安东尼奥和一群贵族正在海上游玩，就命令精灵爱丽儿以巫术制造一场暴风雨，使得整船贵族漂流到岛上。

普洛斯帕罗对这些贵族施行魔法，准备报复他的兄弟安东尼奥。可是，他的女儿米兰达却和其中一位贵族费迪南德坠入情网；奴隶卡列班也想趁机推翻普洛斯帕罗的统治，他说动贵族们的两位仆人一起行动，还打算把米兰达抢过来。

他们的诡计没有成功，米兰达嫁给了心爱的费迪南德。爱也感动了普洛斯帕罗，放弃报复计划，与安东尼奥和解，将岛屿归还给卡列班，释放精灵爱丽儿。

莎士比亚的剧本里经常出现魔法，魔法虽然有强大的力量，但是，魔法也容易变成邪恶的报复工具。莎士比亚往往让剧中人以更强烈的爱与宽恕，战胜邪恶的魔法。

1611 年 11 月 1 日，《暴风雨》在王宫里第一次上演，为王家的圣诞庆祝活动揭开序幕。接下去，国王剧团演出《冬天的故事》等二十二出戏，一直演到第二年的 4 月。

1613 年左右，莎士比亚退休回到斯特拉特福。国王剧团的剧本由两位年轻人弗朗西斯·博蒙特和约翰·弗莱彻负责。他们写的新戏也很卖座，可惜，弗朗西斯·博蒙特后来娶了一位继承大批遗产的女子，他就停笔不写了。

约翰·弗莱彻一个人没办法创作，他一面找寻合作伙伴，一面要求莎士比亚帮忙。

住在家乡的莎士比亚因此并没闲着。他常常想好故事的大纲和人物，交给约翰·弗莱彻去完成细节。《卡登尼欧》是他们两人合作的一出戏，可惜后世再也找不到这个剧本。这出戏和莎士比亚的其他戏，在庆祝公主伊丽莎白和贵族派拉丁结婚的一连串宴会上表演。

婚礼前一天晚上演的戏是《暴风雨》。莎士比亚也上台演了一个角色为新人祝福。

23. 环球剧场的不幸

莎士比亚自从回到家乡过退休生活，反而怀念起伦敦的许多好朋友，例如本·琼森和约翰·邓恩，他们都是英国文学史上大名鼎鼎的文学家。他们曾经定期在每个月的第一个星期五聚餐，说说笑笑十分快乐。莎士比亚于是动起在伦敦买房子的念头，可以两边居住。他向朋友借了钱，买下黑衣修士剧院附近一间小房子。

莎士比亚过完四十九岁生日两个月后，他与约翰·弗莱彻合作的新戏《亨利八世》在环球剧场上演。这出戏说的是亨利八世和王后凯瑟琳离婚的故事。亨利八世出场时，有个演员朝空开了一枪，制造音响效果，不幸打到茅草屋顶，立刻冒起火苗，火势蔓延得十分快，大家抢着逃生，一个钟头内整个剧场就倒塌成一片灰烬与焦木。幸好观众都及时跑出剧场，只有一个人屁股着火，他机智地用

一瓶啤酒灭掉了火。

莎士比亚和国王剧团的一些演员，曾经把一片片木头从另一个剧院拆卸下来，盖起环球剧场。他们设计了特别的舞台，又在剧场演出无数出戏，眼看剧场被无情的大火迅速吞没，他们真是伤心极了。幸运的是，烧毁的只是一些老旧的戏服，莎士比亚的手写剧本有的保存在别处，有的都被抢救出来。

由于这场大火的打击，莎士比亚把他在国王剧团的股权让给别人，以后多数时间都待在家乡。

他两个未婚的弟弟吉尔伯特和理查相继去世，没有人照顾他们父亲留下的手套店，莎士比亚就结束手套生意，把房子租给别人开旅馆。

斯特拉特福的生活不如伦敦多彩多姿，除了和家人相处，他也常去看望儿时玩伴，大家都老了，他们也没有伦敦的朋友有学问，但是聊起童年时代的许多趣事，仍然很开心。朋友都很敬爱这位成了大名，仍然不摆架子的老玩伴。

24. 生命终点

新的环球剧场很快建好了，它的屋顶不再是茅草铺成，而是瓦片覆盖。莎士比亚兴致高昂地前往伦敦参加开幕典礼，并且欣赏新戏《两贵亲》，这也是他帮约翰·弗莱彻写成的剧本，根据中世纪英国著名的大文豪乔叟的代表作《坎特伯雷故事集》中《骑士的故事》改编。

在伦敦，他和好友本·琼森见面。琼森告诉他，他很重视自己的剧作，准备把所有的作品印成一套全集。这番话如同雷打在莎士比亚耳边，让他大受震撼。相比之下，莎士比亚对自己的作品实在太不当一回事了！他写过好多叫好又叫座的剧本，有一半从没出版，如果要印刷成书，他得好好整理一下。那些已经印成书的，有很多错误。四部被人盗印的剧本，更是错得可笑。

多年来，他为国王剧团的演出不断提供新剧本，忙得没有时间去留意出书的事。如今退休了，约翰·弗莱彻也找到合写剧本的人，他拥有渴望已久的大把时间，为什么不将所有的作品修改整理，印成全集呢?

回到斯特拉特福后，他便开始修改旧作。

小女儿朱迪思要结婚了，新郎是莎士比亚老朋友理查·奎尼的儿子，叫托马斯·奎尼。理查当过斯特拉特福的镇长，可是他的儿子却老惹麻烦，莎士比亚反对这门亲事，朱迪思仍然坚持在2月10日嫁给托马斯。

他们的婚礼也没有得到主教同意；主教找托马斯去谈话，他避不见面。一个月后，有人控告托马斯让另一个女人玛格丽特·惠勒怀了孩子。惠勒和孩子不久都死了。法院判决托马斯必须连着三个星期天披挂白布上教堂，表示他犯了错。他觉得太丢脸，以付罚款了事。

莎士比亚受到这些羞辱，闷闷不乐。他的身体大不如前。他开始准备后事，请人来立下遗嘱。

几星期后，莎士比亚生了重病。他又请人来更改遗嘱，1616年3月25日签下名字。遗嘱里面只提到留给太太安妮“我次好的床及其附件”，很多人觉得莎士比亚对

安妮太无情。其实，那时代很多遗嘱都提到把床留给太太。床代表房间，主卧房由女儿苏珊娜和丈夫居住，安妮住的是第二大的房间。依照习俗，太太拥有三分之一财产，不需要在遗嘱里指明。

小女儿的婚姻虽然令莎士比亚生气，他仍给朱迪思一百镑嫁妆，并给她五十镑，作为过让房子产权给苏珊娜的补偿。

莎士比亚让妹妹琼一家继续住亨利街的房子，只收低微的租金。给她的三个孩子各五镑和莎士比亚所有的衣服。

他赠送斯特拉特福的八位老友钱或纪念品，十镑给家乡的穷人。他也没有忘记在伦敦的哥儿们，送一些钱给剧团的老友约翰·赫明斯、亨利·康德尔以及理查·伯比奇。他们自从二十多年前在宫内大臣剧团一起演戏，就和莎士比亚成为亲如家人的哥儿们。

莎士比亚主要的产业，指定由大女儿苏珊娜和她将来的男性后代继承。

4 月 23 日，在莎士比亚五十二岁生日这一天，他与世长辞。4 月 25 日，家人将他安葬在五十二年前受洗的教堂圣坛前，并请工匠在墙上雕刻纪念碑，俯看着他的坟。

SHAKESPEARE
1564
1616

25. 永垂不朽的剧神与诗人

四百年来，不断有后人怀疑没有上过大学的莎士比亚，会写出那些文辞优雅、诗意十足、涵意深刻的剧本。有人说，莎士比亚的遗嘱只交代遗产的处理，例如床给太太，房子给女儿等，而没提到他的剧本留给谁，没有一点大学者的气息。

其实，莎士比亚并没有忘记他的一生心血，他临死前，就已拜托最好的剧团老友约翰·赫明斯和亨利·康德尔，替他整理所有的剧本。他们花了七年时间，到处寻找莎士比亚的原稿，终于替莎士比亚出了一套全集，包含三十六出剧本，题为《威廉·莎士比亚先生的喜剧、历史剧和悲剧》，后来被称为《第一对开本》。

没有他们的努力，莎士比亚一半的剧本，包括《第十二夜》《麦克白》《安东尼与克莉奥佩特拉》《暴风雨》等晚期作品，可能都会失传；《亨利五世》等错误百出的盗版也没有机会修正。

和莎士比亚同时代的剧作家本·琼森，替莎士比亚全集写了序，题目是《追忆我喜爱的大师威廉·莎士比亚——以及他给予我们的遗产》。

本·琼森本身很有学问，也写过许多剧本，他相当自负，序文中指出莎士比亚的拉丁文程度不高，希腊文知识更少，其实，以今天眼光来看，莎士比亚对这两种古老语文的知识已经很丰富了。

除此之外，琼森给予莎士比亚极高的评价。他认为英国的伟大文学家如乔叟与埃德曼·斯宾塞，虽然光荣地埋在威斯敏斯特教堂，有纪念碑，可是，葬在斯特拉特福小教堂的莎士比亚永远活在读者的赞美里，他不需要墓碑纪念他的伟大。

琼森认为连那些文学史上著名的希腊与罗马悲剧或喜剧作家，也不如莎士比亚。他引以为荣地呼喊：

胜利，我的英国同胞，

你们有一位大师可自豪，
全欧洲舞台向他致敬。
他不属于某个时代，
而是不朽于千秋万世！

这话出自骄傲自大的琼森口中，可见他对莎士比亚佩服得五体投地，莎士比亚的创作怎会出自别人之手呢？

到今天，莎士比亚的剧本仍在全世界上演，研究他和他的作品的博士论文多如牛毛，他真的如琼森说的，不只是英国人的骄傲，也是人类共同敬仰的剧神诗人。

莎士比亚小档案

1564年 4月23日，诞生于英格兰中部沃里克郡埃文河畔斯特拉特福小镇。

1571年 进入文法学校成为正式生。

1579年 大概已经辍学，跟着父亲学手艺和干活，补贴家用。

1582年 与比他大八岁的安妮·海瑟薇结婚。

1583年 长女苏珊娜出生。

1585年 双胞胎女儿朱迪思和儿子哈姆内特出生。

1587年 可能作为临时演员到伦敦，开始他的戏剧生涯。

1588年 开始在伦敦的剧团里协助改编剧本。

1590—1591年 写成《亨利六世》。

1591年 写成《理查三世》。

1592 年　由于伦敦瘟疫流行，政府下令关闭所有剧院。莎士比亚回到家乡斯特拉特福，在那里进行写作。写成《错误的喜剧》《驯悍记》。

1593 年　写成《维纳斯和阿多尼斯》《维洛那二绅士》。

1594 年　5 月，宫内大臣剧团成立，莎士比亚从一开始就是它的重要演员、股东和剧作家。写成《爱的徒劳》《仲夏夜之梦》《鲁克丽丝受辱记》。

1595 年　写成《理查二世》《罗密欧与朱丽叶》。

1596 年　8 月，唯一的儿子哈姆内特去世，给莎士比亚很大的打击。写成《约翰王》《威尼斯商人》。

1597 年　写成《亨利四世》《温莎的风流娘儿们》。以六十镑的价钱购得斯特拉特福第二大房屋，又花大价钱翻修，命名为“新居”。

1598 年　写成《无事生非》。

1598—1599 年　写成《亨利五世》。

1599 年　写成《皆大欢喜》《恺撒大帝》。

1600 年　写成《第十二夜》。

1601 年　写成《哈姆雷特》《特洛伊罗斯与克瑞西达》。

1602 年　写成《终成眷属》。

1603—1604 年　写成《一报还一报》。

1604 年　写成《奥赛罗》。

1605 年　回家乡斯特拉特福购买大片土地。写成《李尔王》。

1606 年　写成《麦克白》。

1607 年　写成《安东尼与克莉奥佩特拉》《泰尔亲王佩力克里斯》。

1608 年　写成《雅典的泰门》。

1609 年　写成《辛白林》。

1610 年　写成《冬天的故事》。

1611 年　写成《暴风雨》。

1612 年　与约翰·弗莱彻合写《亨利八世》。

1613 年　与约翰·弗莱彻合写《两贵亲》。

1616 年　4 月 23 日，莎士比亚死于斯特拉特福“新居”，终年 52 岁。